LAURENCHET 1970

ÉTIENNE MARCEL

OPÉRA EN QUATRE ACTES, SIX TABLEAUX

PAR

LOUIS GALLET

MUSIQUE DE

CAMILLE SAINT-SAENS

UN FRANC

PARIS
CALMANN LÉVY, ÉDITEUR
ANCIENNE MAISON MICHEL LÉVY FRÈRES
RUE AUBER, 3, ET BOULEVARD DES ITALIENS, 15
A LA LIBRAIRIE NOUVELLE

—

1879

ÉTIENNE MARCEL

OPÉRA

Représenté pour la première fois, à Lyon, sur le Grand-Théatre,
le 8 février 1879.

CALMANN LÉVY, ÉDITEUR

DU MÊME AUTEUR

LA COUPE DU ROI DE THULÉ, opéra en trois actes, quatre tableaux.
CINQ-MARS, drame lyrique en quatre actes, cinq tableaux.
LA CLÉ D'OR, comédie lyrique en trois actes.
DJAMILEH, opéra-comique en un acte.
LA PRINCESSE JAUNE, opéra-comique en un acte.
LE ROI DE LAHORE, opéra en cinq actes, six tableaux.
PATRIA, dix poèmes, un vol.

IMPRIMERIE GÉNÉRALE DE CHÂTILLON-SUR-SEINE, JEANNE ROBERT.

ÉTIENNE MARCEL

OPÉRA
EN QUATRE ACTES, SIX TABLEAUX

PAR

LOUIS GALLET

MUSIQUE DE

CAMILLE SAINT-SAËNS

PARIS
CALMANN LÉVY, ÉDITEUR
ANCIENNE MAISON MICHEL LÉVY FRÈRES
RUE AUBER, 3, ET BOULEVARD DES ITALIENS, 15
A LA LIBRAIRIE NOUVELLE
—
1879
Droits de reproduction de traduction, et de représentation réservés.

A

AIMÉ GROS

CET OUVRAGE EST DÉDIÉ

EN TÉMOIGNAGE

D'AFFECTUEUSE RECONNAISSANCE

Camille Saint-Saens, Louis Gallét

NOTICE

La France venait d'essuyer le terrible désastre de Poitiers. — Dans cette sanglante journée du 19 septembre 1356, après avoir follement jeté ses chevaliers à la merci des archers anglais, le roi Jean II s'était du moins bravement battu.

Pendant que les siens se résignaient à mourir, à se rendre ou à se déshonorer en fuyant; que lui-même était emmené prisonnier par le prince de Galles, le Dauphin Charles, fils aîné de Jean, avait quitté le champ de bataille avec huit cents lances.

Accouru à Paris pour y prendre, comme lieutenant du roi, la direction des affaires, il avait convoqué les États Généraux, assemblée où se trouvaient représentés la noblesse, le clergé et la bourgeoisie.

*
* *

Or, depuis longtemps, le peuple souffrait et murmurait. Les favoris du roi Jean s'étaient montrés avides autant qu'incapables, la misère s'étendait sur le pays, la guerre avec l'Anglais le désolait; pour augmenter les ressources du trésor, on falsifiait si fréquemment les monnaies qu'en moins de neuf années la livre tournois changea soixante et onze fois de valeur et que, sur l'ordre exprès du corps municipal, les espèces décriées mises en circulation par les agents royaux, furent refusées aux Halles et dans tout Paris.

Le gouvernement du Dauphin ne changea rien à cette situation. Charles, faible, maladif, était alors dirigé par deux hommes dont le nom était en exécration parmi le peuple, Jean de Conflans et Robert de Clermont, maréchaux de Champagne et de Normandie, et leur influence sur le prince demeurait toute-puissante.

* * *

La bourgeoisie, déjà dominante dans les États, pensait qu'un tel état de choses nécessitait la réforme des institutions du royaume jugées insuffisantes pour le salut commun. Étienne Marcel, prévôt des marchands, chef de la municipalité parisienne, élu par les échevins et les membres du Conseil de ville, et Robert Lecoq, évêque de Laon, se mirent à la tête des réformateurs.

Évêque, pair de France, président-clerc du Parlement, membre du Conseil du roi, Robert Lecoq, dit un historien, n'avait aucun motif d'hostilité contre le pouvoir royal, mais il voyait que ce pouvoir perdait le pays et il s'unit à Marcel par patriotisme.

Une remontrance des États résumant les idées de la réforme fut présentée au Dauphin qui n'y donna pas satisfaction. Dès lors, il y eut lutte ouverte entre le pouvoir royal et le parti populaire.

* * *

Un incident rendit cette discorde plus ardente et plus active. Un jeune clerc, du nom de Perrin Marc, apprenti d'un changeur, avait vendu deux chevaux à Jean Baillet, trésorier du Dauphin, pour le compte de son maître. Jean Baillet ne voulut pas en acquitter le prix. Une querelle s'ensuivit, et Perrin Marc ayant frappé le trésorier d'un coup de couteau et l'ayant tué, se réfugia dans l'église Saint-Merri, qui jouissait alors du droit d'asile et où il pouvait se croire en sûreté. Au mépris de ce droit et malgré la résistance du clergé, le maréchal de Clermont l'arracha de cette église et, dès le lendemain, le fit pendre après qu'on lui eut coupé le poing.

Cette audace souleva tous les gens d'église contre le Dauphin, et l'évêque de Paris, Jean de Meulan, excommunia Robert de Clermont, violateur du droit d'asile.

*
* *

Le 22 janvier 1358, dans une assemblée populaire, il fut résolu qu'on en finirait avec les conseillers du Dauphin, parce qu'ils étaient « faux et mauvais traitres. »

Une multitude armée escortant Marcel se présenta au palais et y trouva le prince entouré de sa cour et ayant auprès de lui les maréchaux de Champagne et de Normandie. De dures paroles furent échangées entre les chefs des deux partis. Après quoi, les compagnons du prévôt coururent sur les sires de Conflans et de Clermont et les tuèrent « presque dans les bras du Dauphin qui en eut le sang sur ses habits. »

Le Dauphin put croire un instant qu'il allait partager leur sort, mais Marcel lui dit qu'il n'avait rien à craindre, et en signe d'alliance il lui prit son bonnet de brunette noire et le coiffa de son propre chaperon rouge et bleu, couleurs adoptées par les Parisiens.

*
* *

Cette alliance n'était qu'apparente. — Le Dauphin s'enfuit nuitamment de Paris et alla demander assistance à la noblesse des provinces.

Étienne Marcel demeura seul à la tête du gouvernement de

Paris. — Rapidement fortifiée par ses soins, défendue par une milice bourgeoise organisée par lui, alliée au gendre du roi Jean, Charles le Mauvais, roi de Navarre qui, en apparence dévoué au parti des réformateurs, caressait secrètement le projet d'arriver au trône de France, à la faveur des discordes civiles, la Cité entrait dans une période d'agitations dont le sanglant dénouement était proche.

*
* *

Bientôt, en effet, Paris eut à se défendre contre l'armée rassemblée en province par le Dauphin, qui campait au confluent de la Seine et de la Marne pour bloquer la ville.

Marcel, ayant besoin d'hommes pour assurer l'arrivée des vivres, avait fait nommer Charles de Navarre, qui disposait d'une petite armée, capitaine général des Parisiens. On comptait qu'il délivrerait la ville, en opposant cette armée à celle du Régent ; mais il ne tarda pas à s'aliéner la confiance de ceux qui l'avaient élu.

Dans une rencontre avec les troupes royales, au lieu de combattre, il donna ordre aux Parisiens de se replier. — Il fut évident qu'il avait négocié avec le Dauphin. — De plus il laissa ses gens d'armes dévaster les environs de Paris. — Un si grand mouvement d'indignation se fit contre le Navarrois, convaincu de trahison, qu'il dut se retirer à Saint-Denis et s'y cantonner avec ses troupes.

*
* *

Cependant le Dauphin entretenait dans la ville des relations très actives : il se formait un parti contre la commune parisienne. L'armée royale était à Charenton ; on le savait, on parlait hautement déjà de s'accommoder avec le Régent qui, dans la guerre même qu'il faisait contre Paris, se « montrait plus capable qu'on ne l'aurait cru. »

Une trêve consentie par l'Angleterre allait finir et il fallait, disait-on, que la guerre civile prît fin avant le terme de cette trêve.

Il y eut de grands cris contre Marcel. Ce peuple, «qui l'avait tant aimé, » commençait à s'éloigner de lui et à écouter ceux qui l'accusaient des maux soufferts par la ville.

Jean Maillard, échevin, quartenier de la milice bourgeoise, était au premier rang de ceux qui luttaient contre l'influence du prévôt, dont il s'était montré tout d'abord le partisan.

*
* *

Les choses en vinrent à ce point que le roi de Navarre crut le moment opportun pour l'accomplissement de ses projets ambitieux. — Pour réaliser ces projets : entrer dans Paris et s'y faire proclamer roi de France à l'Hôtel-de-Ville, il fallait que Marcel consentît à lui ouvrir une des portes de l'enceinte.

Le négociateur, en cette affaire, aurait été Josseran de Mâcon, trésorier de Charles le Mauvais.

Marcel céda, obéissant peut-être à un sentiment de colère et de vengeance contre ce peuple dont il se voyait abandonné. Suivant plusieurs chroniqueurs, — Froissart est du nombre, — dans une situation réellement désespérée entre les gens du roi et les Parisiens, également redoutables pour eux, Marcel et les siens auraient été simplement d'avis que mieux valait « occire que d'être occis » et se seraient décidés à favoriser le roi de Navarre.

Au lieu de s'arrêter à cette résolution qui a été très diversement et parfois très sévèrement jugée, ils auraient pu fuir. Mais « leur fierté se révolta à l'idée de terminer si honteusement » une lutte si fermement soutenue. »

VI NOTICE

*
* *

Prêts les uns et les autres à un coup de main décisif, les partisans de Marcel et ceux du Dauphin se rencontrèrent à la bastille Saint-Denis, puis à la porte Saint-Antoine, dans la nuit du 31 juillet au 1ᵉʳ août 1358.

Là, au moment où cette porte allait être ouverte pour recevoir le Navarrois, Étienne Marcel fut tué d'un coup de hache par Jean Maillard ou l'un de ses compagnons. La mort du prévôt fut le signal du massacre des siens.

*
* *

Et, en entrant dans Paris, sur les marches de l'église Sainte-Catherine du Val des Écoliers, où six mois auparavant avaient été exposés les corps des maréchaux de Champagne et de Normandie, le Dauphin Charles put voir, nu et criblé de blessures, le cadavre de son redoutable adversaire, de ce bourgeois qui avait tenté pour les libertés de son pays la même entreprise que Jacques Artewelde pour l'émancipation des communes flamandes et qui devait, comme lui, périr de la main de ses concitoyens.

L. G.

---

* Voir : Chéruel, *Dict. des Institutions de la France*. — CHRONIQUES DE SAINT-DENIS. — Froissart, *Chroniques*. — Henry Martin, *Histoire de France*. — Michelet, *id.* — Guizot, *id.* — Perrens, *Étienne Marcel, prévôt des Marchands*.

PERSONNAGES

ÉTIENNE MARCEL, prévôt des marchands	MM. Delrat.
ROBERT DE LORIS, écuyer du Dauphin.........	Stéphanne.
EUSTACHE	Plançon.
CLERMONT, maréchal de Normandie.............	De Grave.
JEHAN MAILLARD	Échetto.
PIERRE, jeune seigneur ami de Robert	Baron.
L'HOTELIER.................................	Nerval.
BÉATRIX MARCEL, fille du prévôt.............	Mmes Reine Mézeray.
LE DAUPHIN CHARLES.....................	Amélie Luigini.
MARGUERITE, mère de Béatrix.................	Legénisel.
UN HÉRAUT.................................	MM. Bonnefond.
UN ARTISAN...............................	Morfer.
DENIS, serviteur de Marcel.....................	Frédéric.
UN SOLDAT................................	
JOSSERAN DE MACON, trésorier du roi de Navarre	
LECOQ, évêque de Laon	Coryphées.
UN ÉCHEVIN...............................	
MARION, suivante de Béatrix.................	

Seigneurs, Échevins, Artisans, Bourgeois, Pages,
Écuyers, Soldats, Clercs, Écoliers, Ribaudes, Bohémiens,
Filles d'Égypte, etc.

La scène est à Paris, sous la régence du Dauphin Charles, pendant la captivité du roi Jean (1358).

Pour la partition et les parties d'orchestre, ainsi que pour le matériel nécessaire aux représentations, s'adresser à MM. Durand, Schœnewerk et Cie, éditeurs, propriétaires pour tous pays, place de la Madeleine, 4, à Paris.

ÉTIENNE MARCEL

ACTE PREMIER

LES PILIERS DES HALLES EN 1358

Sous les piliers, tavernes devant lesquelles sont assis et boivent, par groupes distincts, des soldats, des bourgeois, des artisans. — Robert et Pierre sont seuls à une table. — Au fond, la foule des marchands, des bourgeois, allant et venant. — Tableau très animé.

SCÈNE PREMIÈRE

L'HOTELIER, EUSTACHE, ROBERT, PIERRE,
SOLDATS, BOURGEOIS, ARTISANS.

Les artisans, au nombre desquels se trouve Eustache, frappent bruyamment sur les tables. — Eustache est vêtu d'une façon bizarre. — Type d'aventurier.

CHOEUR

ARTISANS.

A boire, l'hôtelier, à boire!
Hâte-toi, si tu ne veux pas,
Par Satan! t'en aller là-bas
Goûter aux flots de l'onde noire.

SOLDATS.

A boire, l'hôtelier, à boire!

L'HOTELIER, ne sachant à qui répondre et courant d'une table à l'autre pour faire servir.

Messeigneurs! messeigneurs!!!

EUSTACHE, levant son verre.

Le joli vin clairet!
Sa chaleur me va jusqu'à l'âme!

TOUS.

Buvons!

Pierre et Robert, isolés des groupes, n'ont cessé de causer discrètement depuis le commencement. — Un flacon de vin et des verres sont devant eux.

PIERRE, versant et buvant.

A toi, Robert!

ROBERT, à voix contenue, après un coup d'œil jeté du côté d'Eustache et des artisans.

Au Dauphin!

PIERRE, de même.

A ta dame!

LES SOLDATS, bruyamment, au fond de la scène.

Buvons!

UN ARTISAN.

Eustache a dit qu'il nous raconterait
Une histoire d'amour!...

EUSTACHE, gaiement.

Eh! je veux bien!

LES ARTISANS, aux soldats.

Silence!

Eustache est entouré. — Pierre et Robert continuent à s'entretenir confidentiellement.

ACTE PREMIER

EUSTACHE.

Oyez, compagnons; je commence.

Le bon sénéchal de Poitiers
Avait trois gentils écuyers,
  Un page,
Plus une femme, qu'il voulait
Tenir, ainsi qu'un oiselet,
  En cage.

Le page se mourait d'amour,
Les trois écuyers, tour à tour,
  Pour elle
Avaient longuement soupiré
Et suivaient d'un regard navré
  La belle.

Et lorsque le bon sénéchal
S'en allait sur son grand cheval
  En plaine,
C'était à qui demeurerait
Près de la dame et lui dirait
  Sa peine!

Mais elle avait d'autres soucis
Et n'était de tous ces récits
  Touchée,
Pas plus que la merlette d'or
Sur le toit du castel encor
  Perchée!

Tandis que les quatre larrons,
Tout pantois, disaient : nous mourrons!
  La dame,
Le soir, ouvrait discrètement
Aux doux propos d'un autre amant
  Son âme.

Celui-là c'était, dira-t-on,
Quelque seigneur, comte, baron
    Ou prince!
Non point! cet heureux soupirant
Était pauvre et, ma foi! d'un rang
    Fort mince!

Avec malice.

Faudra-t-il vous le désigner
Et ne sauriez-vous deviner
    Le reste?
Son nom!... Ah! je vous le tairai
Comme une nonne, je serai
    Modeste!

TOUS, riant et se montrant Eustache.

C'était lui! c'était lui!! Buvons à ses amours.

Mouvement de scène.

ROBERT, à Pierre.

Ami, voilà comment mon âme fut blessée!
    Je t'ai dit toute ma pensée;
Je t'ai fait confident du bonheur de mes jours.

PIERRE.

    Mais cette belle
    Quelle est-elle?

ROBERT.

C'est... Béatrix Marcel!

PIERRE.

    La fille du prévôt?

ROBERT.

Elle-même.

PIERRE.

Imprudent! un ennemi!

ACTE PREMIER

ROBERT.

Qu'importe !
Ma tendresse pour elle est maintenant plus forte
Que toutes tes raisons !...

PIERRE.

Cependant !...

ROBERT.

Plus un mot.
Je l'aime !

Il s'est levé. — Pierre l'imite.

PIERRE.

L'hôtelier !

L'HOTELIER, *obséquieusement et se découvrant.*

Que vous plait-il, messire ?

PIERRE, *fouillant dans son escarcelle et lui donnant une pièce d'argent.*

Prenez !

L'HOTELIER *examine la pièce, remet son bonnet, puis avec dédain.*

Argent rogné !

PIERRE.

Comment ! vous osez dire...

Les buveurs, attirés par le bruit de la querelle, commencent à s'amasser autour de l'hôtelier, de Pierre et de Robert.

L'HOTELIER, *très haut.*

Je dis que cette pièce est de mauvais aloi.

PIERRE.

Oubliez-vous l'édit de monseigneur le roi !

L'HOTELIER, *puis les artisans, ricanant,*

L'édit ?

A ceux qui l'entourent.

Voyez, amis, comme on nous vole
Au nom du roi. Je gagne à grand'peine une obole,
Je paye des impôts fort lourds et... ces seigneurs,
Grâce aux édits royaux, se font faux monnayeurs !

PIERRE.

Misérable !

LA FOULE, moins les soldats qui boivent au fond.

Non ! non ! il a raison cet homme !
Sus aux gens du Dauphin !

PIERRE, la main à sa dague.

Au diable les bourgeois !
Nous allons te payer d'autre sorte !

ROBERT l'arrête, puis jetant sa bourse à l'hôtelier.

La somme
Est-elle suffisante ? Allons, prends !

A Pierre.

Viens !

EUSTACHE.

Je crois
Qu'ils ont peur, les muguets !

ROBERT, marchant sur lui et le regardant dans les yeux.

Peur de toi ? Tiens, regarde !

EUSTACHE, se reculant prudemment pas à pas.

Eh là ! mon jeune coq, vous fâcher ! Dieu m'en garde !

ROBERT, riant.

A la bonne heure !

Prenant le bras de Pierre.

Viens !

Pendant ce qui précède, une rumeur se fait entendre au dehors. D'autres soldats viennent en scène entourant Béatrix et Marion qui cherchent à leur échapper.

SCÈNE II

Les Mêmes, Soldats, BÉATRIX, MARION.

LES SOLDATS.

Damoiselle, un instant !
Arrêtez ! que l'on vous admire
Et que chacun vous puisse dire
Le mot que votre cœur attend !
Voyons ! un regard, un sourire !
Damoiselle, un instant !

BÉATRIX, s'échappant.

Laissez-moi, de grâce.
Apercevant Robert qui, l'ayant reconnue, se précipite vers elle.
Ah ! messire !
Protégez-moi !

ROBERT.

Vous !... qui pourrait oser ?...

LES SOLDATS, insistant.

— La belle ! un regard, un sourire,
— Un baiser !

ROBERT, s'interposant.

Drôles, retirez-vous ! n'avez-vous pas de honte ?
Insulter cette enfant !
A Béatrix et à Marion tremblantes.
Ne craignez rien !

QUELQUES SOLDATS, reconnaissant Robert.

Ah ! dieux ! Pardon, monsieur le comte !...

D'AUTRES SOLDATS, entre eux, se montrant Robert.

L'écuyer du Dauphin!

LA FOULE, de même.

Voyez! il la défend.
C'est un brave seigneur.

ROBERT, congédiant les soldats.

Allez!...

LES SOLDATS, entre eux.

Il nous pardonne.

Ils s'éloignent et laissent apercevoir Étienne Marcel qui vient d'entrer en scène. — Les soldats qui buvaient au fond se retirent en même temps.

BÉATRIX, avec un cri de joie.

Ah! mon père!

ROBERT, à part.

Marcel!

LA FOULE, respectueusement.

Le prévôt!

SCÈNE III

Les Mêmes, ÉTIENNE MARCEL.

MARCEL, sévèrement, à Béatrix.

Je m'étonne
De vous trouver ici, ma fille; expliquez-moi...

BÉATRIX.

Mon père, nous allions toutes deux à l'église.
Des hommes m'entourant tout à coup m'ont surprise
Et déjà m'insultaient...

ACTE PREMIER

MARCEL, violemment.

Leur nom !

BÉATRIX.

Des gens du roi !
J'étais au milieu d'eux frissonnante, éperdue.
    Montrant Robert.
Mais ce jeune seigneur enfin m'a défendue.

MARCEL, à part.

Les gens du roi, toujours !
    A Robert.
Messire, votre main !

ROBERT, après un peu d'hésitation.

La voici !
    A part.
Je ne puis pourtant haïr cet homme !

MARCEL.

Saurai-je à qui je parle et comment on vous nomme ?...

BÉATRIX, avec crainte.

Ciel !

ROBERT.

Robert de Loris, écuyer du Dauphin !

MARCEL.

Écuyer du Dauphin !
    Il laisse retomber la main de Robert. — A Béatrix.
Retirez-vous, ma fille !

ROBERT, à part.

Ah ! mon nom l'a blessé !
    A Pierre, lui montrant Béatrix.
Vois ! une larme brille
Dans ses yeux ; qu'elle est belle et que j'ai bien raison
De l'aimer !

1.

MARCEL, *les regardant avec défiance.*

Je pressens une autre trahison.
Cet homme l'aime peut-être!
Valet de cour, il ira
S'égayer avec son maître
Des maux qu'il nous causera!

ROBERT et BÉATRIX.

Il nous soupçonne peut-être,
Et sa main nous frappera
S'il doit quelque jour connaître
Un amour qu'il maudira.

PIERRE.

Il les soupçonne peut-être,
Ah! sa main les frappera
S'il doit quelque jour connaître
Un amour qu'il maudira.

BÉATRIX.

Adieu, mon père!... Adieu, messire!

Elle s'éloigne avec Marion.

ROBERT.

Adieu!

A Marcel.

Mais à mon tour, maître, je me retire.
Mon devoir m'appelle au palais!

MARCEL, *avec froideur.*

Que Dieu vous garde!

SCÈNE IV

MARCEL, EUSTACHE, Bourgeois
et Artisans.

MARCEL. Après la sortie de Robert et de Pierre, les artisans et les bourgeois l'entourent. — Le jour baisse.

    Ils sont partis, tous ces valets,
Et nous ne craignons plus leur oreille indiscrète.
L'heure du châtiment est proche, l'œuvre est prête.
    A votre tour, êtes-vous prêts ?

TOUS.

    Que soit prochaine
    L'heure où la chaîne
    Se brisera.
    Oui ! qu'elle sonne,
    Ici personne
    Ne manquera.

Cris de la foule au dehors.

MARCEL.

Quelle est cette rumeur ?

EUSTACHE.

    Un héraut de justice
De Perrin Marc nous vient annoncer le supplice.

VOIX FURIEUSES, au dehors.

Perrin Marc !

MARCEL, tandis que la foule, divisée en deux partis, entre en scène précédant le héraut et criant : Noël ! Noël ! Perrin Marc ! Perrin Marc !

Perrin Marc ! Je l'avais deviné :
On frappe un innocent qui défendait sa vie.

SCÈNE V

Les Mêmes, Un Héraut, Foule, précédant et suivant le héraut.

LE HÉRAUT, après un appel de trompettes.

Au nom de monseigneur le duc Normandie,
Charles, Dauphin, régent de France, est ordonné
Que Perrin Marc, bourgeois de Paris, condamné
Pour meurtre et résistance aux lois, de par la ville,
Encore qu'on l'ait pris, dit-il, en lieu d'asile,
Sans délai, ni recours, en Grève soit mené.

Il s'éloigne.

LES BOURGEOIS et LES ARTISANS.

Vengeance ! Perrin Marc ! Il faut qu'on nous le rende !

MARCEL.

Silence ! Vous avez promis
D'obéir à ma voix. Eh bien, je vous commande
D'attendre qu'ici tous nous soyons réunis.

EUSTACHE.

Maître, voyez : voici venir tous nos amis.

SCÈNE VI

Les Mêmes, moins Le Héraut, JEHAN MAILLARD, L'ÉVÊQUE ROBERT LE COQ, ÉCHEVINS, etc.

Entrée par groupes des délégués des métiers de Paris, des échevins et des confréries. — L'évêque est suivi de clercs. — Les délégations ont des bannières. — La plupart des personnages portent, comme Marcel, le chaperon aux couleurs de Paris mi-parti de rouge et de bleu. — Marcel va de l'un à l'autre des arrivants et serre la main des chefs. — La nuit est venue. — Les boutiques des piliers se sont fermées peu à peu. — Des torches allumées par les bourgeois et les artisans éclairent la scène.

ENSEMBLE, à Marcel.

Pour sauvegarder nos franchises,
Marcel, vers vous nous accourons,
Que nos libertés reconquises
Brisent enfin le joug qui pèse sur nos fronts.

LES ÉCHEVINS.

C'est au nom des bourgeois que chacun de nous parle,
Armés contre le Dauphin Charle
Nous voulons arracher le pouvoir de sa main !
Il faut que nous soyons maîtres de nous demain.

L'ÉVÊQUE et LES CLERCS.

Nous venons au nom de l'Église,
Au nom du Dieu vivant par le prince outragé.
Nous mesurons l'horreur de la faute commise,
Il faut que le ciel soit vengé !
Il méconnaît nos droits; il est impitoyable :
Pour lui, nous serons sans merci !

EUSTACHE.

Au nom du peuple qu'on accable,
Messires, moi je parle ici.
Viennent le jour promis et l'heure favorable,
Et tous ces braves gens se lèveront aussi.

LES ARTISANS.

Oui, nous nous lèverons aussi !

MARCEL.

Écoutez donc ! — Voici que la mesure est pleine.
L'Anglais nous envahit ; de son royal domaine
Le Dauphin, un enfant, ne va plus rien garder.
D'avides conseillers, un peuple qu'on oppresse,
C'est là ce que nous vaut sa honteuse faiblesse.
Rien ne doit plus nous retarder.

On vole notre épargne, on insulte nos filles ;
Des soudards vont portant le trouble en nos familles,
On viole le droit d'asile, on vous a pris
A vous votre pouvoir, ô prêtres de Paris,
A nous nos libertés, échevins ; à vous-mêmes,
Pauvres gens, le métier qui vous donnait du pain.
Ah ! tu récolteras, prince, ce que tu sèmes,
Et ton peuple abattu se révolte à la fin !

ENSEMBLE, avec force.

Que soit prochaine
L'heure où la chaîne
Se brisera.
Oui, qu'elle sonne,
Ici personne
Ne manquera.

MAILLARD, s'approchant de Marcel.

Prends garde, compagnon ; dangereux sont tes rêves,
Sers notre liberté, mais sans trahir le roi !

Les colères que tu soulèves
Se retourneront contre toi !

MARCEL.

Prophète de malheur, laisse-moi, laisse-moi !
Aux bourgeois.
Aux armes, mes amis !

TOUS.

Aux armes !

MARCEL.

Bannissons de vaines alarmes
Et courons au palais !

TOUS.

Au palais ! au palais !

L'ÉVÊQUE et LES SIENS.

Allez ! Dieu bénira vos armes !

MAILLARD, à part.

Marcel ! Marcel ! voilà donc ce que tu voulais !

ENSEMBLE.

Pour notre droit, pour nos franchises
Jusqu'au dernier nous combattrons.
Que nos libertés reconquises
Brisent enfin le joug qui pèse sur nos fronts.

Tableau.

ACTE DEUXIÈME

PREMIER TABLEAU

AU PALAIS

Vaste salle soutenue par des faisceaux de colonnettes gothiques, et dont la voûte rechampie d'azur est semée d'étoiles et de fleurs-de-lis en étain doré. — Des cires éclairent cette salle où se pressent les seigneurs de la cour du Dauphin. — Sous un dais, le siège royal vide. — Au lever du rideau, le Dauphin assis cause avec Robert, debout à ses côtés. — Le maréchal de Normandie devant une table, parcourt des parchemins. — Des pages sont près de lui, attentifs à ses ordres. — Vers la droite, devant une immense verrière, à travers laquelle passent parfois des lueurs venant du dehors, se tient un groupe de seigneurs regardant sur la place. D'autres seigneurs s'entretiennent au fond. — Bruits lointains.

SCÈNE PREMIÈRE

LE DAUPHIN, ROBERT, CLERMONT,
maréchal de Normandie, SEIGNEURS, puis des ARCHERS.

SEIGNEURS, *regardant au dehors.*

Paris se réveille et gronde,
Là-bas, dans la nuit profonde,
On voit courir des lueurs.
Vers la royale demeure

ACTE DEUXIÈME

S'élèvent depuis une heure
De menaçantes rumeurs!

CLERMONT, scellant un pli qu'il remet à l'un des pages, puis se levant et venant en scène.

Ah! rassurez-vous, messeigneurs!

On l'entoure.

Légèrement.

Le bourgeois de Paris est bruyant, mais docile ;
Il donne son argent, laissons-le donc crier...
Qu'il mène le sabbat, cette nuit, par la ville,
C'est son droit,... que demain nous lui ferons payer!

Il va vers le Dauphin, qui vient à son tour en scène.

LE DAUPHIN.

Messire, j'ai peur de ces hommes,
Pourquoi les dédaigner; ils sont forts et nombreux...
Faibles comme nous sommes
Que pourrions-nous contre eux?

CLERMONT.

Vous m'avez confié votre toute-puissance,
Monseigneur, je réponds de vous!

LE DAUPHIN.

Puisque ma crainte vous offense,
Faites donc, maréchal, ce qui convient pour tous.
Viens, Robert!

Il s'appuie sur le bras de Robert de Loris et passe avec lui. — Clermont demeure en arrière et s'entretient avec les seigneurs. — Souriant.

Tu me dis qu'elle est belle et charmante.
Robert, je suis jaloux de toi!
Que je voudrais aimer, que ce bonheur me tente,
Et qu'il est triste, ami, d'être le fils d'un roi!

ROBERT.

Ah! monseigneur!

LE DAUPHIN.

> Parfois je songe, en ma tristesse,
> A m'enfuir loin de cette cour,
> Libre de soins, l'âme en liesse,
> Ivre de soleil et d'amour.
> Mais, hélas! que cette heure est brève!
> Ma grandeur à tous les instants,
> Brisant les ailes de mon rêve,
> Fait s'évanouir ce printemps.
> Chaque matin, sous le jour pâle,
> Se dresse le même horizon,
> Et cette demeure royale
> Est morne comme une prison!

ROBERT.

Pourquoi parler ainsi, monseigneur?

LE CHOEUR.

> Ah! la place
> S'emplit de gens armés!

Mouvement général. — Rumeurs plus proches. — Coups frappés aux portes du palais.

Écoutez! écoutez!

DES ARCHERS, *entrant précipitamment, au maréchal.*

> Une foule s'amasse
> Aux portes du palais, messire, et nous menace.

LE DAUPHIN.

Ah! Clermont, qu'est-ce enfin?

CLERMONT.

> Ce peuple est fou!

Aux archers.

> Fermez
> Les portes!... Par le ciel, cette audace est trop grande!
> Fermez, et que ces gens, s'ils veulent résister
> Soient frappés sans pitié.

ACTE DEUXIÈME

LES ARCHERS, avec crainte.

Le prévôt les commande!

CLERMONT.

Marcel!... Eh quoi! faut-il que ce nom les défende!

Écrivant un ordre.

Allez! qu'on le fasse arrêter!

Coups plus violents au dehors.

LE CHOEUR.

Écoutez!

LA FOULE, au dehors.

Le Dauphin! le Dauphin! Mort aux traîtres!

LE DAUPHIN, troublé, puis le chœur.

Des menaces de mort!

CLERMONT, amèrement.

C'est pour moi!

D'AUTRES ARCHERS, envahissant la salle, au Dauphin.

Monseigneur, Fuyez!

CLERMONT.

Lâches!

LES ARCHERS et LE CHOEUR.

Fuyez!

Trouble, tumulte. — Bruit grandissant de la foule.

CLERMONT, menaçant les archers.

Ah! soldats sans honneur!

LES ARCHERS, hésitant.

Eh! comment résister? Ces hommes sont nos maîtres!

LE DAUPHIN, soudainement, avec autorité.

Ouvrez les portes!

CLERMONT.

Quoi! céder aux factieux!

LE DAUPHIN.

Obéissez!... Je suis le régent!... Je le veux!

ROBERT, au Dauphin.

Bien, monseigneur!

LE DAUPHIN, au maréchal, avec énergie.

Ouvrez!

A ce moment, le tumulte extérieur est à son comble; on entend les portes du palais qui tombent sous les efforts de la foule.

LE CHOEUR.

Il est trop tard!... La foule brise les portes!

LE DAUPHIN, à Robert.

Viens! Demeure près de moi.

Au maréchal.

Je ne veux pas que le sang coule!

A Robert.

Va! je saurai mourir, là, debout, comme un roi!

Il fait un signe à ses courtisans et se dirige vers le trône, où il s'assied. — Robert se tient près de lui. — Le maréchal est au pied des marches du trône. — Les seigneurs environnent le Dauphin.

ROBERT.

Ah! nous vous défendrons!

LE CHOEUR.

Oui, nous vous défendrons!

LA FOULE, au dehors.

Mort à Clermont! Justice!

LE CHOEUR.

Les voici! les voici!

ACTE DEUXIÈME

LE DAUPHIN.

Que mon sort s'accomplisse !
Je serai ferme autant qu'ils semblent irrités.

<small>Les portes de la salle sont ouvertes par les archers. — Étienne Marcel paraît au fond. — A sa suite marchent les membres de la confrérie de Notre-Dame, association formée par le prévôt. — Tous portent le chaperon bleu et rouge, — Sur leurs vêtements brille en outre, comme signe distinctif, le fermail d'argent, mi-parti d'émail vermeil et azuré, orné de la devise : *A bonne fin*. — Derrière s'agite la foule en armes. — On reconnaît dans les groupes Eustache et les délégués.</small>

SCÈNE II

Les Mêmes, MARCEL, EUSTACHE, Bourgeois, Artisans, etc.

LA FOULE, menaçante.

A mort ! Clermont ! à mort !

MARCEL, il impose silence à la foule, et marche vers le trône. Au Dauphin.

Sire duc, écoutez !

LE DAUPHIN.

Je devrais refuser ici de vous entendre,
Vous qui venez suivi de sujets révoltés.

MARCEL.

Duc, notre cause est juste et, prêts à la défendre,
Ceux qui sont avec moi ne sont point contre vous,
Mais contre ceux-là seuls qui perdent la patrie
    Et qui vous séparent de nous !
    Au maréchal de Normandie,
A Robert de Clermont, enfin vous vous livrez !

CLERMONT, avec indignation.

Quand l'Anglais triomphant marche de ville en ville,
Vous rêvez la discorde et la guerre civile,
Des malheurs de la France un jour vous répondrez!

MARCEL.

Nos malheurs! C'est à vous que j'en demande compte,
A vous, l'auteur de notre honte!
A vous qui retenez ce prince, cet enfant,
Loin de ceux dont les bras le feraient triomphant;
C'est à vous dont la main avide
Trois fois depuis un an a fait le trésor vide,
A vous que nous réclamerons
Le prix de tous nos deuils et de tous nos affronts.
Funeste conseiller, qui trompez votre maître,
Retirez-vous enfin!

LA FOULE, tumultueusement.

A mort! à mort, le traître!
Il faut qu'il soit châtié,
Laissez-nous faire justice,
Qu'il périsse!
Plus de retard, plus de pitié!

MARCEL, au Dauphin.

Sire duc, un seul mot et la foule soumise,
Va tomber à vos pieds!

LE DAUPHIN.

Qu'allez-vous demander?

MARCEL.

Chassez vos conseillers! — Dans la guerre entreprise,
Par nous seuls laissez-vous guider!

LE DAUPHIN.

Jamais!... Retirez-vous!...

ACTE DEUXIÈME

MARCEL, avec intention, lui montrant la foule qui entoure déjà le maréchal.

Duc! je vous en conjure,
Soyez à nous!

LE DAUPHIN.

Jamais!

LA FOULE, furieux.

Ah! vengeons notre injure!
A mort! qu'il soit châtié,
Faisons-nous enfin justice,
Qu'il périsse!
Plus de retard, plus de pitié!

La foule saisit Clermont.

CLERMONT, se débattant.

Misérables! A moi!

ROBERT, se plaçant devant le Dauphin, l'épée à la main.

Défendons notre sire!

Le maréchal entraîné par la foule disparaît un instant aux regard du public. — Grande agitation. — Cris, trouble des courtisans tenus en respect par les bourgeois armés. — Marcel est entre les deux groupes.

LA FOULE.

A mort! à mort!

Le maréchal s'arrache aux mains qui le retiennent et vient tomber sur les marches du trône.

LE DAUPHIN.

Grand Dieu!

MARCEL, sombre, à lui-même.

L'œuvre est faite!

LA FOULE, autour de Clermont qui meurt.

Il expire!

ROBERT.

Ah ! c'en est trop ! Marcel !

Il se précipite, l'épée haute, sur Marcel. — Il est aussitôt saisi par Eustache et ses amis. — On va le frapper. — Marcel s'interpose.

MARCEL, à Robert.

Tu lutterais en vain
Va ! sois libre... (Bas.) A présent, envers toi je suis quitte !
Mais crois-moi : désormais évite
De te trouver sur mon chemin.

Il fait un geste. — Des hommes enlèvent le corps de Clermont. — Toute la foule est en scène. — Marcel s'avance solennellement vers le Dauphin.

MARCEL.

Sire duc, acceptez ici notre alliance
Et prenez nos couleurs... La paix est à ce prix !

Il monte les degrés du trône, place sur la tête du Dauphin son chaperon aux couleurs parisiennes, après lui avoir pris son propre chaperon de brunette noire à franges d'or, dont il se coiffe.

LA FOULE, battant des mains.

Noël ! Noël au duc !

LE DAUPHIN, accablé, à Robert.

Être seul sans défense,
Accepter cette honte et souffrir leur mépris !

Ils se serrent silencieusement la main.

LA FOULE.

Noël au duc ! Noël au prévôt de Paris !

Tableau.

DEUXIÈME TABLEAU

CHEZ MARCEL

Le parloir de la famille. — Meubles lourds. — Dressoirs chargés d'aiguières de cuivre etc. — Çà et là quelques armes. — Sur le devant de la scène un siège à haut dossier.

SCÈNE PREMIÈRE

BÉATRIX, MARGUERITE, DENIS, serviteur de Marcel.

Les deux femmes sont assises l'une près de l'autre, se serrant les mains et se regardant avec inquiétude. Denis est au fond, près de la porte ouverte. — Il est en train de fourbir une épée. — Le couvre-feu sonne à une église voisine.

MARGUERITE, se levant.

Le couvre-feu!... L'heure est passée,
Où Marcel revient chaque soir.

BÉATRIX, rêveuse, à part.

J'ai surpris dans ses yeux une sombre pensée.

MARGUERITE, ouvrant la fenêtre et regardant au dehors.

La ville est en rumeur!

BÉATRIX, à part.

Ah! j'ai peur de savoir!...
Robert est en danger peut-être!

DENIS, se levant tout à coup.

Dame, ne tremblez plus... C'est lui! Voici le maître!

Entre Marcel. — Il est sombre et semble n'apercevoir ni sa femme ni sa fille. — Il jette son chaperon sur un meuble, ainsi que ses armes et son manteau, et vient s'asseoir silencieusement au premier plan. — Denis s'éloigne, emportant le chaperon, les armes et le manteau. — Les deux femmes se tiennent à distance, derrière Marcel, le regardant avec une sorte de crainte.

SCÈNE II

Les Mêmes, moins DENIS, MARCEL.

MARCEL, après un temps, à lui-même.

C'est fini!... Je dois compte à Dieu du sang versé!

Beatrix et sa mère se sont rapprochées doucement. — Au bruit de leurs pas, Marcel relève la tête.

Femme, vous étiez là!...

MARGUERITE, timidement.

Que s'est-il donc passé?

MARCEL, brusquement.

Paris est libre!... Ceux qui voulaient sa ruine
Sont morts!

Il se lève et passe.

MARGUERITE.

Morts! Ah! Marcel, la justice divine
Maudit celui par qui le sang fut répandu!

MARCEL.

Tais-toi, femme, tais-toi! N'as-tu pas entendu?
Paris est libre! libre!...

ACTE DEUXIÈME

BÉATRIX, avec une évidente inquiétude.

Ah! dites-moi, mon père,
Qui donc est mort?

MARCEL.

Clermont! oui, le duc de Clermont!

Béatrix se remet.

Le peuple l'a frappé dans sa juste colère.

BÉATRIX.

Personne n'a tenté de le défendre?

MARCEL, l'observant avec attention.

Non!
Personne!... Un seul voulait le venger!... Un jeune homme,
L'écuyer du Dauphin,... je crois,... celui qu'on nomme
Robert de Loris!

BÉATRIX, près de défaillir.

Dieu!

MARGUERITE.

Ma fille!

MARCEL, à part.

Elle a pâli!

BÉATRIX, d'une voix faible.

Et celui-là,... mon père?

MARCEL, marchant vers elle et continuant à l'observer. — Avec intention.

Il n'est plus redoutable.

BÉATRIX.

Que dites-vous?

A part.

Pitié! pitié! Dieu secourable!

MARCEL.

Sacrifiant ses jours au devoir accompli,
Il est mort!

BÉATRIX, hors d'elle-même, douloureusement.

Ah! Robert!

MARCEL, lui saisissant la main avec violence.

Tu l'aimes, misérable!

BÉATRIX, à ses pieds.

Grâce!

MARCEL.

Ah! j'avais bien deviné,
Vos regards n'avaient point trompé mes yeux de père!
Oui, je l'avais compris tout ce honteux mystère!
Tu l'aimes! C'est à lui que ton cœur s'est donné,
A ce valet de cour qui rit de ta tendresse.
Qu'aurait-il fait de toi, Béatrix! sa maîtresse!
O honte! Je suis fou de l'avoir épargné!

BÉATRIX, radieuse, les mains tendues vers son père.

Il vit!... Je vous comprends! Ah! vous m'aviez trompée!
Il vit!

Elle va vers sa mère.

MARCEL.

Va! mon épée
De la feinte qui m'a livré la vérité
Saura faire bientôt une réalité.

Oui, je le frapperai sans remords, sans faiblesse,
Celui qui m'a ravi le cœur de mon enfant.
Ton amour, tes pleurs, ta détresse,
Rien ne peut me toucher et rien ne le défend!

BÉATRIX.

Ah! le frapperez-vous, sans remords, sans faiblesse,

N'aurez-vous pas pitié des pleurs de votre enfant,
Pardonnez à notre jeunesse,
Ne soyez pas cruel, car Dieu vous le défend !

MARGUERITE.

Ah ! le frapperez-vous sans remords, sans faiblesse,
N'aurez-vous pas pitié des pleurs de votre enfant,
Oui, pardonnez à leur jeunesse
Ne soyez pas cruel, car Dieu vous le défend !

MARCEL, inflexible, repoussant les deux femmes.

Adieu ! j'ai prononcé l'arrêt irrévocable.

BÉATRIX.

Mon père ! Il n'est pas seul coupable,
S'il doit mourir pour notre amour,
Que je sois frappée à mon tour !

Reprise de l'ensemble. — Marcel sort sans vouloir rien écouter.

SCÈNE III

BÉATRIX, MARGUERITE.

MARGUERITE, tristement, après un temps.

Ma fille !

BÉATRIX.

Ah ! laissez-moi, ma mère... Le silence
Et le recueillement conviennent à mon deuil.
Le malheur, cette nuit, a franchi notre seuil,
Oui, laissez-moi seule avec ma souffrance.

Elle lui tend les bras, Marguerite s'y jette, la tient un instant embrassée,
puis s'éloigne en sanglotant.

SCÈNE IV

BÉATRIX, seule.

O beaux rêves évanouis !
Espérances tant caressées,
Adieu ! sous mes yeux éblouis
Vous ne reviendrez plus, ô riantes pensées !

Pourtant Dieu semblait le bénir,
Cet amour qui faisait ma vie.
L'ivresse d'un instant m'est à jamais ravie
Et mon cœur est navré d'un amer souvenir.

L'avenir s'annonçait comme une aube sereine,
Et maintenant l'orgueil, la colère et la haine
Nous ont pour toujours désunis !

O beaux rêves évanouis !
Espérances tant caressées,
Adieu ! sous mes yeux éblouis
Vous ne reviendrez plus, ô riantes pensées !

Le second coup du couvre-feu sonne au loin.
C'est l'heure du sommeil. Le sommeil ! il me fuit.
La fièvre allume en moi ses flammes dévorantes
Et fait trembler mes mains brûlantes.
Ah ! verse ta fraîcheur sur mon front, sombre nuit !

Elle marche vers la fenêtre. — A ce moment, Robert paraît sur le balcon et saute dans la chambre.

SCÈNE V

BÉATRIX, ROBERT.

ROBERT.

Béatrix!

BÉATRIX, étouffant un cri.

Vous, Robert!... Vous dans cette demeure!
Regardant autour d'elle avec crainte.
Vous vous perdez... mon père... tout à l'heure...

ROBERT, vivement.

Notre bonheur serait-il menacé?
Votre voix est tremblante ;
Tandis que j'accusais l'heure à mon gré trop lente,
Que s'est-il donc passé?

BÉATRIX.

Ah! mon père sait tout! Ni larmes, ni prière
N'ont pu fléchir son âme altière!
Il a juré ta mort!

ROBERT.

Je ne redoute rien.
Pour assurer ton repos et le mien
Tout sera prêt cette nuit même.
L'attirant doucement vers lui.
Oh! Béatrix, réponds. M'aimes-tu?

BÉATRIX.

Si je t'aime!
Interroge les astres d'or,
La terre, l'air que je respire.

Tout s'animera pour te dire,
Si tu peux en douter encor,
Que je bénis mon doux martyre,
Que ton amour est mon trésor !
Oui, mon âme vit de ton âme
Ma joie et mes maux sont les tiens.
La même ivresse nous enflamme,
  Je t'appartiens !

ROBERT.

Oui, la même ardeur nous enflamme
Rien ne doit briser nos liens.
Ton serment rassure mon âme,
  Tu m'appartiens !

ENSEMBLE.

  O pure extase,
  Instants délicieux,
Mon cœur se livre à l'amour qui l'embrase.
Tout l'univers disparaît à mes yeux.

ROBERT, avec joie.

Ah ! maintenant tu peux m'entendre,
Chère âme ! il faut fuir avec moi !

BÉATRIX.

Qu'oses-tu demander ?

ROBERT.

    Ne pouvons-nous prétendre
A proclamer enfin notre amour, notre foi ?

BÉATRIX.

Quitter cette maison !

ROBERT.

    Écoute ! ô bien-aimée !
Le Dauphin, prisonnier dans son propre palais,

ACTE DEUXIÈME

Va s'enfuir à travers toute une ville armée,
Que dirais-tu de moi si je le trahissais?

BÉATRIX.

Ah! cours où le devoir t'appelle,
Laisse la fille d'un rebelle,
Seule, prier ici!

ROBERT.

T'abandonner! jamais!
Viens, cède à ma prière.
Qu'importe que ce jour
Soit un jour de colère!
C'est en vain que ton père
A maudit notre amour!

BÉATRIX.

Va! cède à ma prière,
Je t'implore à mon tour.
Je souffre et désespère,
Oui, Dieu comme mon père
A maudit notre amour.

ROBERT, avec violence.

Non! tu ne m'aimais pas!

BÉATRIX.

Épargne-moi, de grâce!
Je ne saurais plus résister.

ROBERT.

Le péril vient et le temps passe,
O Béatrix, pourquoi lutter!

BÉATRIX, égarée.

Ma mère!... Laisse-moi!... Pardon! pardon! ma mère!
Ah! vais-je ainsi plonger votre âme dans le deuil!

ROBERT, *ardemment.*

Viens!

BÉATRIX.

Je serai maudite! Ô maison qui m'es chère
Dois-je donc pour jamais ce soir franchir ton seuil!

ROBERT.

A notre amour le ciel pardonne,
Nul ne peut briser nos liens.
Qu'à mes vœux ton cœur s'abandonne,
Tu m'appartiens!

BÉATRIX, *éperdue, tombant dans ses bras.*

Ah! mon courage m'abandonne
Et mes seuls désirs sont les tiens.
Que Dieu me frappe ou me pardonne,
Je t'appartiens!

Robert l'entraîne. — Au moment où ils vont sortir, des coups violents sont frappés à la porte de la rue. — Ils s'arrêtent inquiets.

VOIX NOMBREUSES, *au dehors.*

Marcel! Marcel!

Bruits dans la maison.

BÉATRIX.

Hélas! tout est fini!

Elle va vers la fenêtre.

La rue
Est pleine de soldats! vois!

Avec trouble.

Mon père! c'est lui,
C'est lui qui vient!

VOIX AU DEHORS

Alerte!

BÉATRIX, avec désespoir.

Ah ! c'est moi qui le tue !

ROBERT, un instant interdit.

Non ! je me défendrai ! Dieu me garde aujourd'hui !

BÉATRIX.

Malheureux ! que dis-tu ? Dieu même veut ta perte !

ROBERT.

Je mourrai donc !

BÉATRIX.

Pitié !... Non !...

Lui montrant une petite porte latérale.

Par là !... fuis !

VOIX DU DEHORS.

Alerte !

ROBERT, vers elle comme pour l'entraîner avec lui.

Béatrix !... Béatrix !...

BÉATRIX, le repoussant.

Va-t'en ! au nom du ciel !

Avec angoisse.

Ils montent !

ROBERT, avec douleur.

Tu le veux ! J'obéis !

Il se dirige vers la petite porte. — Elle s'ouvre au même instant. — Marcel paraît sur le seuil.

BÉATRIX.

Ah !

ÉTIENNE MARCEL

ROBERT, reculant.

Marcel !

SCÈNE VI

Les Mêmes, MARCEL, LE CHŒUR.

MARCEL, terrible.

Misérable !
Il se précipite vers la porte du fond qu'il ouvre brusquement.
A moi tous !
Des bourgeois armés envahissent la scène.

BÉATRIX, suppliante.

Mon père !

MARCEL, leur montrant Robert.

A mort, ce traître !
Il met l'épée à la main.

LE CHŒUR, entourant Robert.

Il est à nous !

ROBERT, railleur.

Peut-être !
Mais je sais un chemin qui vous est défendu !
A bientôt, braves gens !
Il se fait place avec son épée, gagne la fenêtre et la franchit d'un bond.

MARCEL et LE CHŒUR, aux gens du dehors.

A mort !
Bruit de lutte et cris au dehors.

ACTE DEUXIÈME 37

BÉATRIX.

Il est perdu!

Elle tombe évanouie. — Plusieurs bourgeois armés se précipitent vers la porte de sortie. — Marcel reste anéanti, le regard fixe, devant Béatrix sans connaissance à ses pieds.

ACTE TROISIÈME

LE JOUR DE LA SAINT-JEAN DEVANT NOTRE-DAME

Perspective de la façade de l'église et de l'entrée gothique de l'Hôtel-Dieu. — Entre les deux monuments, large échappée sur le cours de la Seine, dont les rives sont couvertes de verdure. — Vers le deuxième plan, échafaudage très peu élevé et bien en vue où se tient une partie de la foule. — Vers le milieu de la scène, un peu au fond, un mât couvert de banderolles et de guirlandes. La place est pleine de gens accroupis, assis, debout, groupés sur les marches de l'Hôtel-Dieu et assistant à des danses populaires. — Banc de pierre devant l'Hôtel-Dieu.

SCÈNE PREMIÈRE

EUSTACHE, LE CHŒUR,
puis LES PERSONNAGES DU DIVERTISSEMENT.

DANSE POPULAIRE dès le lever du rideau.

CHOEUR.

Nous ne craignons plus les bastilles,
Et nous nous moquons du sergent.
Allons, les écoliers, allons, les belles filles,
Ébattez-vous autour du feu de la Saint-Jean !
Nous ne craignons plus les bastilles,
Et nous nous moquons du sergent !

ACTE TROISIÈME

EUSTACHE, tâchant de gagner à travers la foule une place au premier rang. — Deux ribaudes sont pendues à son bras.

Par ici ! la fête est jolie.
Vous que j'adore... tour à tour,
Venez, Rousselette, ma mie,
Et vous, Simonne, mon amour !

A un groupe qui lui barre le passage.

Eh ! compagnons, je vous en prie,
Faites à ces chastes beautés
Qui viennent voir danser les filles de Bohême
Un peu de place à vos côtés.

ÉCOLIERS et ARTISANS, reconnaissant Eustache.

Eustache ! Eustache !

EUSTACHE.

Eh ! oui, moi-même !

Il fait asseoir les deux ribaudes à la belle place, puis revenant au milieu du groupe, — en confidence.

Vous me voyez, amis,
Très grandement épris
De ces deux colombes timides.

Négligemment.

Oui, je suis amoureux,
Depuis... une heure ou deux
Et mon amour, demain, aura des rides.

LE CHŒUR.

Ah ! le gai compagnon !

EUSTACHE.

Voilà comme je suis.

A la foule, avec entrain.

Allons, les enfants de Paris !
Nous ne craignons plus les bastilles
Et nous nous moquons du sergent,
Allons ! les écoliers ! allons, les belles filles,
Ébattez-vous autour des feux de la Saint-Jean.

LE CHOEUR.

Nous ne craignons plus les bastilles
Et nous nous moquons du sergent!

DIVERTISSEMENT.

Écoliers, ribaudes, bohémiens, filles d'Égypte.—Danses et rondes autour du mât où doit s'allumer le feu de la Saint-Jean. Des gens du peuple commencent à dresser le bûcher au pied du mât. — Un orchestre bizarre s'est installé sur l'estrade.

ORDRE DU DIVERTISSEMENT. — N° 1. *Entrée des écoliers et des ribaudes.* N° 2. *Musette guerrière.* — N° 3. *Pavane.* — N° 4. *Valse.* N° 5. *Entrée des bohémiens et des filles d'Égypte.* — N° 6. *Finale.*

SCÈNE II

Les Mêmes, MAILLARD, Bourgeois.

MAILLARD. Sur la fin du ballet, il vient en scène escorté de quelques bourgeois, leur montrant la foule.

C'est pitié de les voir s'étourdir de la sorte,
    Quand l'Anglais est à notre porte,
Quand le roi de Navarre étend sur nous la main,
Comptant surprendre un jour la cité sans défense
    Et voler le trône de France!

Regardant Eustache.

Un traître lui pourrait livrer Paris demain.
Cet homme est dangereux.

EUSTACHE, frappé de l'attention dont il est l'objet et venant se planter effrontément devant Jehan Maillard.

            Eh! par Dieu! capitaine,
Vous me regardez là de plaisante façon.
Me connaissez-vous pas? Faut-il dire mon nom?

MAILLARD, avec mépris.

Eh!... passe ton chemin.

ACTE TROISIÈME

EUSTACHE, narquois.

Bon ! la chose est certaine,
Je vous déplais...
<small>Aux deux femmes qu'il a amenées.</small>
Venez, mes princesses !

MAILLARD, avec autorité.

Attends !...
Je ne plaisante pas volontiers, tu m'entends !
<small>Lui mettant rudement la main sur l'épaule.</small>
Puisque tu veux parler, réponds... Qu'allais-tu faire.
Hors de la porte Saint-Denis,
Cette nuit ?

EUSTACHE, inquiet, mais essayant de railler.

La lune était claire
Et me souriait.

MAILLARD.

Trêve à d'insolents défis !
<small>Lentement.</small>
Saint-Denis appartient à Charles de Navarre;
Ce n'est pas sans raison, drôle, je te le dis,
Qu'un homme comme toi s'égare
Vers le camp de nos ennemis

EUSTACHE.

Ce roi n'était-il pas notre allié naguère ?

MAILLARD.

Il nous fait aujourd'hui la guerre,
Il nous a lâchement trahis!
Prends garde et souviens-toi que je veille!....
<small>Il pousse dédaigneusement Eustache, passe avec les siens et entre dans Notre-Dame.</small>

EUSTACHE, après le premier moment de stupeur.

Le diable

Brûle le sermonneur!
A lui-même.

Il est temps d'aviser.
Au risque de tout perdre, il nous faut tout oser.
Le Dauphin Charle est redoutable,
Son parti relève le front,
Marcel semble impuissant à dominer la ville,
Les Parisiens, las de la guerre civile,
A quelque nouveau maître encor se livreront.

Charle est fort... mais le roi de Navarre est habile,
C'est pour lui que bientôt nos portes s'ouvriront !

Pendant ce qui précède les danses ont cessé. Sur les derniers mots dits par Eustache, les cloches de Notre-Dame commencent à sonner. Il se fait aussitôt un grand mouvement parmi le peuple qui se porte vers l'un des côtés du théâtre.

EUSTACHE.

Voici les échevins et Marcel à leur tête,
Tandis que le peuple est en fête.
A cette heure où le ciel semble les oublier,
A Notre-Dame ils vont prier !

Cris de la foule. — Cortège des échevins. Marcel marche au milieu du cortège. Les confrères de Notre-Dame l'entourent. Des archers précèdent et suivent le cortège. — Les trois portes de Notre-Dame s'ouvrent, laissant apercevoir les profondeurs de la nef. Orgue dans l'église et chants religieux. L'évêque Lecoq, assisté de ses clercs, paraît sous le porche pour recevoir Marcel et les échevins. — Le cortège entre dans l'église. — La foule des artisans, des écoliers, etc., etc., est restée en grande partie sur la place. Après l'entrée du cortège des échevins dans Notre-Dame, elle se presse aux abords de l'église dont les portes sont restées ouvertes. — Béatrix vient en scène se dirigeant vers l'Hôtel-Dieu.

SCÈNE III

BÉATRIX, ROBERT, Peuple.

BÉATRIX, en scène.

« Allez demain au parvis Notre-Dame »
M'a dit le doux message en secret apporté,
« Et là vous verrez qui vous aime. »

Un homme pauvrement vêtu et qui paraissait dormir sur les marches de l'Hôtel-Dieu, se lève et s'approche de Béatrix. C'est Robert.

(Voix dans l'église : *Te Deum laudamus!*)

ROBERT, incliné profondément devant Béatrix, doucement.

Une bonne âme
Aura-t-elle pitié de moi?... La charité!

Il regarde Béatrix qui le reconnaît aussitôt.— (Voix dans l'église : *Te Dominum confitemur!*)

BÉATRIX, avec trouble.

Robert!...

ROBERT.

Que rien ne nous trahisse!

Bas et d'une voix pressante.

Dites!... êtes-vous prête à partir cette nuit?...

Elle cherche de l'argent dans son aumônière.

BÉATRIX.

Partir!...

ROBERT.

Notre amour veut ce dernier sacrifice!
Je puis à votre père épargner le supplice
Où sa rébellion sûrement le conduit;

Mais il faut croire en moi pour que tout s'accomplisse,

<small>Mouvement de Béatrix. — (Voix dans l'église : *Sanctus! sanctus! Dominus Deus Sabaoth!*)</small>

Je serai près de vous avant le couvre-feu.
Ne me répondez pas.

<small>Très haut, ramassant une pièce d'argent que Béatrix vient de laisser tomber.</small>

Le ciel vous garde !

<small>BÉATRIX, doucement.</small>

Adieu !

<small>Elle s'éloigne. — Eustache a reparu dans les groupes du fond. A la vue de Béatrix, il a fait un geste de surprise et s'est mis à observer la scène.</small>

SCÈNE IV

Les Mêmes, EUSTACHE, Peuple.

<small>EUSTACHE, observant.</small>

La fille de Marcel !

<small>Regardant Robert qui suit Béatrix des yeux.</small>

Eh ! voilà, je suppose,
Un bon pauvre qui vient ici pour autre chose
Que le soin de remplir son escarcelle. Il a
La mine d'un galant et pis encore...

<small>Manœuvrant de façon à se trouver en face de Robert, au moment où ce dernier va s'éloigner à son tour.</small>

Holà !
L'ami, pourquoi passer si vite !
Il est encore ici des âmes à toucher :
Je veux vous secourir.

<small>Il fait mine de chercher de l'argent. — Robert veut passer outre, Eustache e saisit par le bras.</small>

Votre regard m'évite

ACTE TROISIÈME

Avec éclat.

Eh!... pardieu!... je comprends qu'on tienne à se cacher.

ROBERT, violemment.

Que voulez-vous de moi?...

La foule vient en scène.

EUSTACHE.

Ce que je veux, messire
Robert de Loris, c'est vous dire
Que les espions du Dauphin
Sont à Paris de bonne prise
Et que je vous arrête enfin!

LA FOULE, menaçante.

Un espion!

EUSTACHE, à quelques artisans.

Vous, entrez à l'église,
Amenez le prévôt Marcel.

ROBERT, entouré par les artisans.

Ah! vous oseriez!... Par le ciel!...
J'aurai raison de vous!...

LE CHOEUR, se serrant autour de lui.

Vaine est ta résistance!
Personne ici ne prendra ta défense
Et nous saurons punir ton dessein criminel!

Béatrix qui s'éloignait s'arrête et écoute avec émotion. — Jeu de scène durant l'entrée de Marcel. — Cachée par les premiers rangs de la foule, Béatrix voit tout sans être vue de son père.

SCÈNE V

Les Mêmes, MARCEL.

EUSTACHE, à Marcel.

Venez, maître, venez! Connaissez-vous cet homme?
Est-il besoin qu'on vous le nomme?

MARCEL.

Lui! Dieu vengeur! c'est lui!
Ta main me le livre aujourd'hui!

ROBERT.

Oui, le ciel punit mon audace
Et me met à votre merci,
Je n'implorerai point ma grâce.
Vous êtes le plus fort! frappez-moi donc ici.

MARCEL, à la foule.

O peuple de Paris, Charles, Dauphin de France
A trahi ses serments et rompu l'alliance
Qui l'unissait à nous,
Il a fui son palais et, du fond des provinces,
Ses barons et ses princes
Se sont levés bientôt pour servir son courroux.
Une redoutable armée
Sous ses ordres s'est formée;
Il menace Paris, mais pour ses bataillons,
Paris ne saurait être une facile proie.
Doutant de ses soldats, voici qu'il nous envoie
De lâches espions.

ROBERT, avec une grande animation.

Épargne-moi cet outrage,

ACTE TROISIÈME

Et sans tarder davantage
Venge-toi, ne m'avilis pas!...

MARCEL, froidement aux archers.

Qu'on l'emmène au palais!...

BÉATRIX, à part avec douleur.

Robert! Robert! Hélas!

ROBERT.

Je suis prêt!...

Maillard paraît.

SCÈNE VI

LES MÊMES, MAILLARD.

MAILLARD.

Arrêtez!

A Marcel, lui montrant Robert.

Encore, une victime,
Marcel, encor un crime
N'est-ce pas?

MARCEL, brusquement.

Cet homme est l'espion du Dauphin

MAILLARD, aux bourgeois et à la foule.

L'a-t-on vu s'attacher à quelque noir dessein?

LA FOULE.

Non!...

MAILLARD.

S'est-il dérobé?

LA FOULE, plus accentué.

Non!

MAILLARD.

Sa faute peut-être
Pour vous, Marcel, c'est d'avoir eu
En ces temps de malheur, cette rare vertu
De rester fidèle à son maître.

Aux archers.

Allons, laissez aller cet homme.

MARCEL, irrité.

Taisez-vous,
Seul, je commande ici.

MAILLARD, puis la foule autour de lui.

Qu'il soit libre!

MARCEL, puis Eustache et les artisans.

Non!

LES ARCHERS, faisant un mouvement pour emmener Robert.

Place!

LA FOULE, menaçante autour de Marcel.

Qu'il soit libre!...

MARCEL, EUSTACHE et LES ARTISANS.

Jamais!

MAILLARD.

Faut-il une menace
Pour le dérober à tes coups!
Écoute la voix de la foule,
Elle défend que le sang coule.
Elle n'en a que trop versé!
Elle est aujourd'hui la plus forte,
Que sa puissance enfin l'emporte,
Le temps de la tienne est passé.

ROBERT.

Écoute la voix de la foule,
Elle défend que le sang coule
Elle n'en a que trop versé !
Elle doit être la plus forte,
Que sa puissance enfin l'emporte,
Le temps de la tienne est passé.

MARCEL.

Non ! c'est l'heure de la justice,
Il faut que l'arrêt s'accomplisse,
Rien ne saurait plus m'apaiser.
La foule murmure, qu'importe !
Ici ma volonté l'emporte,
Malheur à qui la veut briser !...

BÉATRIX.

O Seigneur, apaisez mon père,
Éteignez l'ardente colère
Qui menace mon bien-aimé.
Que la pitié soit la plus forte,
Et pour toujours enfin l'emporte
Dans ce cœur si longtemps fermé.

EUSTACHE, LE CHOEUR, ARTISANS.

Voici l'heure de la justice,
Que l'arrêt sanglant s'accomplisse,
Rien ne saurait nous apaiser.
Quelques-uns murmurent, qu'importe !
Que notre volonté l'emporte,
Malheur à qui la veut briser !

LE CHOEUR, partisans de Maillard, à Marcel.

Écoute la voix de la foule,
Il ne faut plus que le sang coule,
Elle en a déjà trop versé !
Que notre puissance l'emporte,

Elle est aujourd'hui la plus forte;
Le temps de la tienne est passé.

MARCEL, aux archers.

Allez!...

LA FOULE, violemment.

Qu'il soit libre!...

LES ARCHERS.

Passage!

MARCEL, au milieu de la foule.

Écoutez-moi!...

LA FOULE.

Non! non! à nous le prisonnier!

Conflit entre les archers et le peuple. — Les archers reculent.

MAILLARD, à Robert demeuré libre.

Fuyez... il en est temps!...

BÉATRIX.

O Dieu bon!...

REPRISE DE L'ENSEMBLE.

Béatrix entre à l'Hôtel-Dieu. — Le cortège sort de l'église et s'éloigne. — Le calme s'est fait dans la foule, sur un geste de Marcel aux archers. — Robert a disparu. — Marcel, après ce jeu de scène vient tomber avec accablement sur le banc de pierre.

EUSTACHE, à distance, l'observant.

Eh! je gage
Qu'en trois mots à présent je m'en vais le gagner.

Marcel reste seul. — Bourgeois, artisans, etc., se sont éloignés peu à peu, suivant le cortège. — La nuit vient graduellement. — Fausse sortie d'Eustache.

SCÈNE VII

MARCEL.

Tous sont partis. Aucun n'a détourné la tête,
      Aucun ne m'a tendu la main,
Naguère ils m'acclamaient. Joyeux de ma défaite,
Je les vois déserter aujourd'hui mon chemin.

Ce soir on me dédaigne et peut-être on m'oublie,
      Mais bientôt on se souviendra ;
Prompt à me reprocher les maux de la patrie
      Quelque infâme me frappera,
      Et sur ma mémoire flétrie
On entendra ceux-là pour qui j'ai tant lutté
Appeler le mépris de la postérité.

O peuple, c'est en vain que l'on te sacrifie
      Son cœur, sa pensée et sa vie,
Tu n'as que des affronts pour tous les dévouements.
      Trop tard, j'apprends à te connaître :
Un seul mot a suffi sur les lèvres d'un traître
Pour que mon pouvoir touche à ses derniers moments !
    Avec découragement.
    Allons ! tout est fini !
      Au moment où il va sortir, Eustache se dresse devant lui.

SCÈNE VIII

RCEL, EUSTACHE.

EUSTACHE, narquoisement.

Non, maître!

MARCEL.

Eustache!... que dis-tu?

EUSTACHE.

Je prétends que bientôt
Vous deviendrez plus fort et n'aurez plus à craindre
Ni Maillard, ni ses gens!

MARCEL, étonné.

Eh bien?

EUSTACHE.

Dites un mot.
Un prince... très puissant...

MARCEL, avec impatience.

Eustache, à quoi bon feindre?
Parle-moi franchement.

EUSTACHE.

Eh!... vous avez raison,
Un prince!... Je vous dis son nom :
Le roi de Navarre.

MARCEL, avec dédain.

Ah! Charles le Mauvais.

EUSTACHE.

Certe!

ACTE TROISIÈME

Mauvais pour ceux dont il rêve la perte,
Mais bon... pour ses amis.

Après un temps, lentement, confidentiellement.

De la bastille Saint-Denis,
Si la porte, la nuit prochaine, était ouverte,
Le Navarrois tiendrait Paris. Alors...

MARCEL, *interruption violente.*

Tais-toi !
Me proposer en face, à moi,
Cette forfaiture et cette infamie !
Suis-je tombé si bas qu'on vienne marchander
Mon âme, mon honneur !...

EUSTACHE, *de plus en plus railleur et impudent.*

Eh ! Marcel, votre vie
Vaut bien le prix qu'ici j'en ose demander.
Interrogez le peuple ou le Dauphin de France,
Votre cause est perdue et la mort vous attend.
Charles de Navarre est votre seule espérance !

Un silence. — Marcel demeure sombre et pensif. — Eustache l'observe. — Avec un ricanement.

N'ayant plus à choisir, il hésite pourtant !

Il est déjà trop tard, peut-être !
Sans hésiter, livrez Paris,
Sauvez votre vie à ce prix,
Croyez en mon conseil, mon maître :
Mieux vaut prendre que d'être pris !

MARCEL.

Ah ! quelle pensée infernale !
Je l'ai comprise et j'ai tremblé.
Pourquoi cet homme a-t-il parlé,
Et sur quelle pente fatale
M'emporte mon esprit troublé ?

Démon, toi qui tentes mon âme,
Quel rôle infâme
Viens-tu donc jouer parmi nous?
Je t'ai vu déchaînant la fureur populaire,
Je te vois l'instrument d'une cause contraire...

EUSTACHE, sentencieusement.

Maître, ceux-là sont fous
Qui ne savent changer parfois de caractère,
Vous êtes un lion, moi je suis un renard.

Insinuant.

Bastille Saint-Denis, cette nuit. Par hasard
Si vous passez par là, j'y serai. Bonsoir, maître.

Reprise de l'ensemble. — Ils sortent. — Au même moment, le peuple portan des torches envahit la scène. — Grands cris. — On allume les feux de la Saint-Jean.

SCÈNE IX

Peuple, Soldats, Écoliers, etc.

REPRISE DU CHŒUR DE LA PREMIÈRE SCÈNE.

La toile tombe sur un tableau pittoresque et animé. — La place se colore des premières lueurs du bûcher de la Saint-Jean autour duquel se forme une immense ronde.

ACTE QUATRIÈME

PREMIER TABLEAU

LA BASTILLE SAINT-DENIS

A gauche, le poste. — A droite, maison basse avec étroite fenêtre éclairée faiblement. — Au fond, une des portes de Paris ; de chaque côté de cette porte, le rempart dominé par des tours. — Nuit claire. — Un fanal, devant le poste des soldats, éclaire l'avant-scène. — La petite maison de droite est dans l'ombre.

SCÈNE PREMIÈRE

Soldats du Poste, MAILLARD, accompagné de chefs de la milice bourgeoise.

Au lever du rideau, Maillard paraît avec les siens et s'avance vers le poste, où sont plusieurs soldats.

MAILLARD, après quelques mots échangés à voix basse avec les gardiens du poste.

Paris semble dormir... Ici, tout est tranquille,
Mais la trahison marche autour de nous sans bruit.

Aux soldats.

Interdisez à tous les portes de la ville.
Soldats, veillez bien cette nuit.

Il passe. — Une ronde se détache du poste et part dans un sens opposé. — Le reste des soldats rentre dans le poste, à l'exception d'une sentinelle qu'on aperçoit vaguement, immobile dans l'ombre, sous le rempart.

SCÈNE II

EUSTACHE, UN HOMME, en cape sombre, le chaperon rabattu sur le visage.

Eustache vient discrètement, conduisant l'homme. — Il s'arrête devant la petite maison et la lui montre.

EUSTACHE.

Par ici, monseigneur.

En scène, devant la maison.

Pour le roi de Navarre
Au prévôt de Paris vous parlerez ce soir.
J'ai su le préparer à vous bien recevoir.
Il tente de lutter, — mais la constance est rare :
Marcel doit succomber et vous allez le voir.
Entrez !

L'homme entre dans la maison après avoir laissé tomber une bourse dans la main d'Eustache.

Eh ! c'est parfait, et je sens que la somme
Est ronde !...

Regardant aux alentours.

Maintenant, puisse venir notre homme !
Par l'enfer, s'il allait hésiter !

Avec un vif mouvement de joie.

Le voilà !...

Nous le tenons !

Marcel a paru et vient vers Eustache.

SCÈNE III

EUSTACHE, MARCEL.

EUSTACHE, d'un ton gouailleur. — Même jeu qu'à la fin de l'acte précédent.

Bonsoir, maître.

MARCEL, brusquement.

Tais-toi!

EUSTACHE, lui montrant la fenêtre éclairée de la petite maison.

Messire
Jossseran, l'envoyé du Navarrois est là!
Mouvement de Marcel.
Vous avez peur!... Prévôt, faites ce qu'il va dire,
Et vous serez, ce soir, gouverneur de Paris,
Sinon par le Dauphin demain vous serez pris,
Et... pendu haut et court!...

MARCEL, avec mépris et durement.

Va-t'en, va!

EUSTACHE, avec affectation.

Bonsoir, maître!
Marcel pénètre dans la maison.

SCÈNE IV

EUSTACHE, seul.

Il me méprise, mais j'en ris!
L'estime, le mépris, et l'amour et la haine,
Bagatelles!

Avec un grand salut vers la porte.

Bonsoir ! — Le monde est mon domaine,
J'y moissonne partout !
Il fait joyeusement sauter la bourse, puis l'engouffre dans une de ses poches.
Fou qui me donne tort !
Le parti du plus sage est celui du plus fort !
Il s'éloigne. — La scène reste un instant vide, puis la ronde de nuit revient et rentre silencieusement dans le poste. — Presque aussitôt, Robert paraît.

SCÈNE V

ROBERT, regardant et désignant la petite maison.

Il est là... J'ai suivi ses courses ténébreuses,
Et mes yeux ne m'ont point trompé !
Je saurai le fléchir ; des heures plus heureuses
Me feront oublier les coups qui m'ont frappé.

Je crois, j'attends ; j'espère
En l'ardente prière
De mon cœur désolé.
Ah ! puisse-t-il m'entendre
Et pour toujours me rendre
Le bonheur envolé.

O Béatrix, ma bien-aimée,
Pour toi j'humilierai mon orgueil devant lui !
Ah ! si son âme encor me demeure fermée,
Eh bien, il connaîtra mon pouvoir aujourd'hui :
Oui, je t'emporterai, mon trésor, ma conquête,
Et rien ne pourra plus t'arracher de mes bras.
Notre victoire est prête,
Malgré tout, tu m'appartiendras.
Mais, non !... pourquoi douter ? Je crois, j'attends, j'espère !
La porte de la maison s'ouvre. — En voyant sortir Marcel, accompagné de Jome'¡sseran'hom amené par Eustache, Robert se dérobe.

ACTE QUATRIÈME

ROBERT.

Il vient!... Il n'est pas seul!... Cet homme avec mystère
Lui parle!.. Est-ce un complot entre eux!.. Que vont-ils faire ?

Il se cache et observe.

SCÈNE VI

MARCEL, JOSSERAN, Soldats du Poste,
ROBERT, caché.

MARCEL, à lui-même, venant lentement en scène. — Josseran se tient à distance, l'observant.

Ainsi, dans un instant, tout serait consommé!...
Une implacable loi me pousse dans l'abîme.
Je livrerais Paris,... je commettrais ce crime!...

Il demeure comme accablé, puis avec exaltation.

Eh bien, tu l'as voulu, toi que j'ai tant aimé,
Peuple ingrat, dont la haine aujourd'hui me repousse !
Si par toi l'avenir glorieux m'est fermé,
La vengeance me reste et la vengeance est douce!...

Il marche vers le poste. — La sentinelle se dresse dans l'ombre et lui barre la route.

LA SENTINELLE.

Qui va là !

MARCEL.

Ne crains rien!

LA SENTINELLE, sans le reconnaître.

Alerte !

Les soldats sortent du poste. — L'une d'eux prend le fanal et l'approche du visage de Marcel, qui s'est arrêté.

LES SOLDATS.

Le prévôt!

MARCEL.

Vous me reconnaissez; c'est bien!

Après un temps.

Que l'on m'apporte
Ici même, à l'instant, les clés de cette porte
Dont vous êtes gardiens...

LES SOLDATS, un instant hésitants, puis après s'être consultés.

Non!

Mouvement de Marcel.

MARCEL.

Non!... Quel est ce mot?
Qui donc prétend repousser ma demande?
Et mon pouvoir, qui donc ose le dédaigner?
Lequel est votre chef enfin?

LES SOLDATS.

Le quartenier!
Jehan Maillard!

MARCEL, avec colère.

Maillard!

LES SOLDATS, très fermes.

Lui seul ici commande!
Messire, éloignez-vous!

MARCEL, revenant près de Josseran qui a assisté immobile à cette scène.

Ah! j'aurai bien raison de Maillard et d'eux tous!
Les confrères de Notre-Dame
Vont venir à mon aide!

Reconduisant Josseran.

Allez!

Avec énergie.
　　　　　　Et sur mon âme
Ce que je veux sera comme je vous l'ai dit.

Josseran sort après un dernier signe échangé avec Marcel.

SCÈNE VII

MARCEL, ROBERT.

Au moment où Marcel revient et se dispose à entrer de nouveau dans la maison, Robert s'avance dans l'ombre, derrière lui.

ROBERT.

Ainsi, Marcel déserte! Ainsi, Marcel trahit!

MARCEL, *se retournant vivement, puis le reconnaissant.*

Qui m'ose outrager? Vous!

ROBERT, *avec beaucoup de fermeté.*

　　　　　　Ah! Pas de violence!
Nous sommes seuls et vous m'écouterez.
Messire, j'étais là tout à l'heure, et je pense
Que j'ai bien tout compris.
　　　　　　C'est vrai; vous conspirez,
Non plus contre le duc, mais contre Paris même!
A Charles le Mauvais, maître de la cité,
Prétendez-vous offrir aussi la royauté?

MARCEL.

Prends garde!

ROBERT, *avec une autorité plus grande.*

Par pitié pour votre enfant que j'aime,
Je viens à vous.

Marcel recule et le regarde avec une sorte de stupeur.

Rebelle, on peut vous pardonner,
Mais traître à la patrie, on vous doit condamner.
N'allez donc pas plus loin sur ce chemin funeste,
Notre duc Charle est bon : sa clémence vous reste!

MARCEL.

Sa clémence! Ah! Jamais!

ROBERT, *plus pressant.*

Pour triompher de vous,
Pour vous fléchir, Marcel, faut-il donc que j'appelle
Celles que vous aimez? faut-il à vos genoux
Amener votre enfant suppliante!

Il fait quelques pas vers le dehors. — A part.

C'est elle!

Venez!

*A cet appel paraissent Béatrix et sa mère. — Elles se jettent éperdumen[t]
vers Marcel qu'elles entourent de leurs bras.*

SCÈNE VIII

Les Mêmes, MARGUERITE, BÉATRIX.
puis LE Chœur.

BÉATRIX.

Mon père!

MARGUERITE.

Mon époux!

ACTE QUATRIÈME

ROBERT, à Marcel.

Ah! laissez-vous fléchir; c'est l'heure
Du repentir et du pardon.
Votre pouvoir n'était qu'un leurre,
Le peuple a maudit votre nom;
Il a renversé cette idole
Que naguère il voyait en vous;
Votre dernier espoir s'envole,
O Marcel, revenez à nous!

BÉATRIX.

Ah! laissez-vous fléchir; je pleure!
Retournez en notre maison!
Mon père, par pitié! c'est l'heure
Du repentir et du pardon.
Oubliez l'espérance folle,
Hélas! déjà si loin de vous!
Pour qu'on vous aime et vous console,
Mon père, revenez à nous!

MARGUERITE.

Ah! laissez-vous fléchir; je pleure!
Retournez en notre maison!
O Marcel, par pitié! c'est l'heure
Du repentir et du pardon.
Oubliez l'espérance folle,
Hélas! déjà si loin de vous!
Pour qu'on vous aime et vous console,
O Marcel, revenez à nous!

MARCEL.

Il est trop tard! Ce n'est plus l'heure
Du repentir et du pardon.
Oui, ma faveur ne fut qu'un leurre,
Oui, le peuple a maudit mon nom.
Je reste seul... Eh bien! qu'importe!
Seul je lutterai contre tous.

Mon bras est fort, mon âme est forte,
Je vous l'ordonne, éloignez-vous!

ROBERT, lui présentant un parchemin.

Marcel, ce sauf-conduit vous assure la vie.
Ah! fuyez, je vous en supplie.
Le Dauphin est vainqueur! Fuyez, il en est temps!

MARCEL.

Oui!... je sais la faute commise
Et quelle suite j'en attends!
Mais j'irai jusqu'au bout... En pareille entreprise
Quand on a fait le premier pas
On triomphe ou l'on meurt;... on ne recule pas!

Il déchire le sauf-conduit.

REPRISE DE L'ENSEMBLE.

Marcel va s'éloigner.

BÉATRIX, s'attachant à lui.

Ah! votre esprit s'égare!
Ne parlez plus ainsi... Grâce! grâce pour nous!

Cris lointains, puis plus tard, tocsin. — Les clameurs et les bruits du dehors vont grandissant jusqu'à la fin de l'acte.

Ces cris!...

MARCEL, à lui-même.

Tout est perdu!

BÉATRIX.

Ces cris!... Entendez-vous!
Ah! quel événement terrible se prépare!

MARCEL, avec amertume.

Oui, Maillard et les siens déjà sont prévenus,
Et mes projets leur sont connus!

ROBERT, avec éclat.

Mais, c'est la mort pour vous!

ACTE QUATRIÈME

MARCEL, simplement.

Adieu !

Il attire à lui Marguerite et Béatrix et les serre longuement sur son cœur, puis il se dégage doucement, et montrant Béatrix à Robert.

Veillez sur elle.

Je vous pardonne.

Il lui tend la main.

Adieu !

ROBERT, avec supplication, lui faisant signe d'écouter les cris qui se rapprochent.

Restez !

MARCEL.

Non ! je suis las
De lutter, de souffrir, ne le comprends-tu pas !
C'est la mort que je veux, c'est la mort que j'appelle,
Et la mort est là-bas !

Il s'arrache à l'étreinte de Robert et de Béatrix, et se précipite au dehors. — Stupeur et trouble des deux femmes. — La scène est aussitôt envahie par es confrères de Notre-Dame. — Ils passent en armes et traversent la place rapidement sur les traces de Marcel.

LES CONFRÈRES DE NOTRE-DAME, passant.

A bonne fin ! Marcel !

Ils disparaissent.

SCÈNE IX

ROBERT, BÉATRIX, MARGUERITE

CRIS, à peu de distance.

Maillard ! Alerte ! alerte !

BÉATRIX, revenant à elle, avec angoisse.

Écoutez leurs clameurs !... Ils ont juré sa perte !...

Je veux...

Elle veut s'élancer ; ses forces l'abandonnent.

Mon père, hélas!...

Faiblement.

Robert!

Il la soutient dans ses bras.

MARGUERITE, *auprès d'elle.*

Dieu tout-puissant!

BÉATRIX.

Oh! ces cloches, ce bruit, sans cesse grandissant,
C'est horrible!...

ROBERT, *à part, regardant.*

Le peuple en fureur le menace.

BÉATRIX, *se dressant et repoussant Robert, avec énergie.*

Robert, il faut sauver mon père, je vous dis!

ROBERT, *il s'élance, puis il s'arrête tout à coup. A lui-même, avec horreur.*

Ah!... Maillard l'a frappé...

Moment de stupeur. — Les bruits du dehors se sont soudainement apaisés. — Béatrix, haletante, regarde Robert, demeuré immobile. — Enfin, il va vers elle et la prend par la main.— Doucement, l'entraînant avec sa mère.

Venez!... venez, de grâce!...

D'un ton significatif.

Il est trop tard!...

BÉATRIX, *avec un cri.*

Mon père?

A ce moment reparaissent les confrères de Notre-Dame portant le corps de Marcel, le front ensanglanté. — Avec un cri terrible.

Ah!

Béatrix se jette sur le corps de Marcel. — Marguerite et Robert la suivent. — Au même instant, Maillard, sa hache d'armes à la main, et suivi de toute la foule, entre en scène.

SCÈNE X

Les Mêmes, MAILLARD, Peuple, Soldats, puis **EUSTACHE.**

La foule entrée avec Maillard se porte en avant, dérobant ainsi la vue du groupe de Robert, Béatrix et Marguerite réunis autour du corps de Marcel.

MARCEL, au centre du groupe.

Noël, mes amis !

Noël au duc !

EUSTACHE, parmi le peuple.

Largesse au peuple de Paris !

LE CHOEUR.

Noël au duc ! Largesse au peuple de Paris !

TABLEAU FINAL

Le Dauphin à cheval entre dans Paris. — Marche. — Les écuyers et les pages jettent des pièces de monnaie au peuple. — Cris et Noëls de la foule. — Tableau.

FIN

IMPRIMERIE GÉNÉRALE DE CHATILLON-SUR-SEINE. — JEANNE ROBERT.

NOUVEAUX OUVRAGES EN VENTE

Format in-8°.

J. AUTRAN — f. c.
ŒUVRES COMPLÈTES, tome VII. — Lettres et notes de voyage... 6 »

PRINCESSE DE BELGIOJOSO
HISTOIRE DE LA MAISON DE SAVOIE. 1 v. 7 50

H. DE BALZAC.
ŒUVRES COMPLÈTES, tome XXIV et dernier. — CORRESPONDANCE... 7 50

DUC DE BROGLIE de l'Acad. franç.
LE SECRET DU ROI. 2 vol... 15 »

X. DOUDAN
MÉLANGES ET LETTRES. 4 volumes... 30 »

ALEX. DUMAS
LE CAPITAINE PAMPHILE. Illust. par Bertall. 1 volume... 8 »
HISTOIRE DE MES BÊTES. Illust. par Adrien Marie. 1 volume... 8 »

COMTE D'HAUSSONVILLE
SOUVENIRS ET MÉLANGES. 1 volume... 7 50

ERNEST HAVET
LE CHRISTIANISME ET SES ORIGINES, tome III...

VICTOR HUGO
L'ART D'ÊTRE GRAND-PÈRE. 1 volume. 7 »
HISTOIRE D'UN CRIME. 2 volumes... 15 »
LE PAPE. 1 volume...

PATRICE LARROQUE
RELIGION ET POLITIQUE...

CHARLES DE RÉMUSAT
ABÉLARD. 1 volume... 7 50
LA SAINT-BARTHÉLEMY. 1 volume... 7 50

ERNEST RENAN
CALIBAN. 1 volume... 3 »
LES ÉVANGILES. 1 volume... 7 50
MÉLANGES D'HISTOIRE ET DE VOYAGE. 7 50

VIEL-CASTEL de l'Acad. franç.
HIST. DE LA RESTAURATION, tome XX et dernier... 6 »

Format gr. in-18 à 3 fr. 50 c. le volume.

AMÉDÉE ACHARD vol.
LES PETITES FILLES D'ÈVE... 1

ÉMILE AUGIER de l'Acad. franç.
THÉÂTRE COMPLET... 6
ŒUVRES DIVERSES... 1

H. DE BALZAC
CORRESPONDANCE... 2

TH. BENTZON
LA PETITE PERLE... 1

H. BERLIOZ
MÉMOIRES... 2

E. CADOL
MARGUERITE CHAUVELEY... 1

E. DIDIER
LA BAGUE D'OPALE... 1

AL. DUMAS FILS de l'Acad. franç.
ENTR'ACTES... 1
THÉÂTRE COMPLET. Tome V... 1

O. FEUILLET de l'Acad. franç.
LES AMOURS DE PHILIPPE... 1

ARNOULD FRÉMY
COMMENT LISENT LES FRANÇAIS D'AUJOURD'HUI ?... 1

H. HEINE
CORRESPONDANCE. T. III... 1

A. HOUSSAYE
LES CHARMERESSES... 1

VICTOR HUGO
QUATRE-VINGT-TREIZE... 2

ALPHONSE KARR
NOTES DE VOYAGE D'UN CASANIER... 1

EUGÈNE LABICHE
THÉÂTRE COMPLET. T. I et II... 2

JULIETTE LAMBER vol.
LAIDE... 1

J. LAURENCE
LE SECRET DU TESTAMENT...

MICHELET
L'ÉTUDIANT...
LES SOLDATS DE LA RÉVOLUTION... 1

GÉRARD DE NERVAL
POÉSIES COMPLÈTES...

J. NORIAC
LA COMTESSE DE BRUGES...
LA FALAISE D'HOULGATE...

USMAN-BEY
LES FEMMES EN TURQUIE...

COMTE D'OSMOND
DANS LA MONTAGNE...

PAUL PARFAIT
LES AUDACES DE LUDOVIC...

A. DE PONTMARTIN
NOUVEAUX SAMEDIS. Tome XVI...

SACHER MASOCH
UN TESTAMENT...

C. A. SAINTE-BEUVE
CORRESPONDANCE... 2

GEORGE SAND
QUESTIONS D'ART ET DE LITTÉRATURE...

FRANCISQUE SARCEY
LE PIANO DE JEANNE...

MARIO UCHARD
MON ONCLE BARBASSOU...

LOUIS ULBACH
LE COMTE ORPHÉE...

JACQUES VINCENT
JACQUES DE TRÉVANNES...

Paris. — Imprimerie Dumoutet, 3, rue Auber

www.ingramcontent.com/pod-product-compliance
Lightning Source LLC
LaVergne TN
LVHW050627090426
835512LV00007B/705